UN MOT

SUR

LE ROI

LOUIS-PHILIPPE.

PAR

J. SAINT-RIEUL-DUPOUY.

BORDEAUX,
Imp. de **SUWERINCK**, rue Ste-Catherine.
Bazar Bordelais.

1845.

Se vend au profit des malheureuses familles des victimes de la rue Borie.

———— ✦ ————

Les pages qu'on va lire sont extraites du *Courrier de la Gironde*, du 4 août dernier, veille du jour de l'arrivée de **LL. AA. RR.** à Bordeaux.

Cet écrit ayant eu quelque succès, et l'édition de ce Numéro du Journal étant depuis long-temps épuisée, nous cédons aux sollicitations pressantes d'un très-grand nombre de personnes qui n'ont pu se le procurer, en le publiant à part.

Cet article qui nous a valu, il faut bien le dire, quelques sympathies honorables, a suscité aussi contre nous bien des colères. Que voulez-vous? il y a des gens qui trouvent singulier qu'on ait le courage de proclamer tout haut ce qu'on pense tout bas.

Par cette nouvelle publication, nous répondons à la fois aux uns et aux autres, car nous croyons être assez libre, et assez indépendant, pour ne reculer jamais devant la manifestation entière de notre pensée et de nos convictions. — A nos yeux, toute opinion est respectable et sacrée par cela seul qu'elle sort d'une conscience droite, et il n'y a que les peureux ou les lâches qui se taisent quand il faut parler.

UN MOT

SUR

LE ROI LOUIS-PHILIPPE.

Enfin! nous touchons à ce jour si impatiemment attendu, et quelques lieues nous séparent à peine des hôtes illustres que Bordeaux se dispose à fêter. — Ils nous arrivent, portant avec eux les vœux et les espérances des populations partout empressées sur leur passage. De toutes parts accourent aussi chez nous de nobles étrangers pour les fêtes qui vont venir; les départements voisins sont attentifs, et au premier coup de canon qui annoncera l'arrivée de nos princes, ils seront là, aussi, pour célébrer leur bienvenue. Chaque ville voisine, chaque bourgade, chaque flot de la Garonne, chaque diligence, chaque berline, nous amène son voyageur, empressé, curieux, plein d'enthousiasme. Tout s'agite, tout s'anime, tout se peuple, tout s'émeut, nos maisons, nos hôtels, nos rues; quelques heures encore, et Bordeaux ne sera plus Bordeaux.

Donc, puisque l'occasion nous en est donnée, laissons courir notre plume. — Parlons un peu de ces princes qui vont nous visiter; ne reculons pas, surtout, devant l'éloge vrai, sincère, et d'une si grande justice, qui revient à cette noble famille royale, sur qui repose aujourd'hui tout l'avenir de la France.

Nous qui ne sommes, en-effet, ni des hommes de passion, ni des hommes de parti, nous nous sentons pleins de reconnaissance, de respect et d'enthousiasme, pour l'auguste chef de cette royale dynastie, qui, depuis bientôt plus de quinze ans, donne au pays tant de preuves de dévouement, tant d'exemples de vertu, de patriotisme et de courage. — Que seraient devenues la France et l'Europe? que serions-nous tous devenus après ce terrible et soudain ébranlement de mil huit cent trente, si S. M. Louis-Philippe eût refusé de prendre en main les rênes de l'État?

C'est vraiment un grand et merveilleux spectacle, que de suivre le progrès des idées humaines dans leur marche, et de voir par quels tâtonnements infinis, par quelles préparations lentes et fécondes, la France a dû passer pour arriver à une vie et à une organisation politique complète. — Ceci est, du reste, une loi manifestée par toutes les expériences du passé, que ce qui a été contenait en germe ce qui est. Aussi, à travers les quinze siècles de notre histoire, quelle suite non interrompue de causes et d'effets! quelle logique nécessaire et fatale dans le développement des principes et des idées, depuis l'origine de cette féodalité, par exemple, qui fait la France, en défendant le territoire contre les invasions, jusqu'à l'affranchissement des communes, cette première origine de notre chambre des députés : depuis Louis IX qui ouvre contre l'aristocratie, au profit du peuple, cette lutte acharnée et terrible qui devait se poursuivre par

Richelieu, jusqu'à Louis XIV en qui se résume tout le travail antérieur de la civilisation française!

Il y a des moments où les nations se résument. C'est là ce que j'appellerai, qu'on me pardonne ce mot, si mal interprété et si mal compris de nos jours, l'époque éclectique d'un peuple, — c'est-à-dire le moment où les divers éléments constitutifs du gouvernement de ce peuple, développés séparément par les siècles et les civilisations antérieures, étant arrivés à leur complet épanouissement, à leur extension la plus entière et la plus large, ce peuple, par la réflexion et le travail sur luimême, les rassemble, les coordonne, les développe davantage, pour en faire sortir l'unité nationale, la règle du présent et la loi de l'avenir. — C'est à une de ces époques que nous sommes arrivés aujourd'hui, et nous devons dire que la charte de 1830 l'exprime admirablement.

Remarquez en effet, en passant, que la révolution de juillet, le dernier des mouvements populaires de nos jours, n'est pas, comme on a bien voulu le dire ou le croire, un mouvement révolutionnaire partiel, l'œuvre de quelques hommes et d'un parti; elle est, au contraire, essentiellement un mouvement général, spontané; la manifestation fatale, nécessaire, d'une pensée, d'une force et d'une volonté plus hautes que la force, la pensée et la volonté de l'homme. Elle était le but et la fin de quatre-vingtneuf, qui n'avait pas pu résoudre le problème, pas plus que l'empire, ce gouvernement de transition, et la restauration, ce gouvernement de hasard, ne l'avaient résolu. — Or, ce problème, c'était la réalisation définitive, l'union complète du passé, du présent et de l'avenir.

La révolution de 1830 reprenait donc les choses où

89 les avait laissées; l'ancien régime était tombé par l'oppression et le privilége; la révolution de 1789, par ses excès; l'empire, par la guerre; la restauration, par son inintelligence des besoins et des idées de notre temps, et pour avoir voulu trop glorifier le passé au détriment du présent. — La révolution de juillet, au contraire, représentait parfaitement dans son élan et dans sa pensée, l'accord du passé, du présent et de l'avenir; elle était une reconnaissance complète, en même temps qu'une fusion de tous les éléments, de toutes les idées et de tous les droits modernes. — Jusques ici, toutes les dominations successives avaient plus ou moins abusé, le clergé aussi bien que la noblesse, et le peuple plus encore que la royauté. — La mission de notre temps, c'est d'équilibrer tous les pouvoirs, et d'empêcher à jamais le retour d'aucune tyrannie. — Ce qui fera éternellement la force de notre gouvernement actuel, c'est qu'il est juste, sage et équitable avant tout; il ne frappe, ne blesse, ne violente, ni les idées, ni les convictions, ni les intérêts de personne; c'est la liberté avec l'ordre, l'égalité par la loi; la démocratie y est représentée aussi bien que l'aristocratie, l'intelligence aussi bien que la fortune. — Tout y est, enfin, dans une sage pondération et une juste mesure.

C'est pour cela qu'à cette œuvre nouvelle il fallait un homme nouveau, capable, non-seulement de diriger, mais encore de créer les circonstances; car à la fin des révolutions, il ne faut plus d'hommes improvisés par elles, mais bien des hommes assez forts pour leur résister et leur commander. — Il fallait donc un homme fort, intelligent, comprenant sa mission, aimant beaucoup le peuple pour pouvoir lui être utile ; un homme doué de la double puissance de créer et de conserver ; à la fois grand politique et diplomate habile, ayant tous les instincts mystérieux des hommes de génie qui se sentent appelés à tracer leur route aux nations, un homme qui pût aider à l'enfantement de tous les grands principes qui s'agitaient confusément alors dans les entrailles de la constitution de la France ; une sorte de *Verbe* politique enfin, chargé de manifester à l'Europe et au monde la grande pensée de la monarchie constitutionnelle. Eh bien ! cet homme que je ne crains pas de louer avec enthousiasme, parce qu'il est trop loin de moi, et que je suis trop loin de lui, pour que jamais ces paroles lui arrivent, cet homme, la révolution de juillet le tenait tout armé dans ses flancs pour sa défense et le triomphe de sa cause qui était celle de l'avenir !

Ceci est un fait que, dans toute révolution il y a toujours un parti ou plusieurs qui cherchent à la confisquer à leur profit. — Or, en 1830, la pensée dominante des factions, c'était de ruiner complètement la monarchie et de pousser la France à la république ; la contre-révolution était donc en germe dans la révolution même. Le génie de Louis-Philippe, sa mission, c'était de diriger et de conduire le mouvement populaire, de lui donner en quelque sorte sa véritable forme, et d'étouffer la contre-révolution qui menaçait alors de jeter la France dans des désordres et des crises sans fin. — Que la révolution de juillet fût restée abandonnée à elle-même, et c'en était fait alors de la France. — Or, chacun sait comment le roi a accompli cette mission difficile et pleine de périls !

Malgré cela, il lui est arrivé ce qui arrive aux hommes forts qui viennent pour rétablir l'ordre après une révolution, et poser les fondements d'une nouvelle dynastie. Louis-Philippe a vu toutes les haines et toute la mauvaise foi des partis ameutés autour de sa personne royale, souffler, crier, blasphémer, aboyer contre lui; mais qu'importe? Il aura l'avenir pour le venger, et l'histoire qui plane au-dessus de toutes les injustices des hommes, lui tient en réserve une de ses plus glorieuses pages!

Qui peut dire, en effet, les proportions énormes que ce règne prendra dans la suite des âges, quand le temps l'aura consacré? — Louis-Philippe est aujourd'hui trop près de nous pour être jugé. A côté du génie qui se lève, se dresse toujours l'envie, la jalousie et les haines des contemporains. — César n'est reconnu dieu par le sénat qu'après sa mort.—Mirabeau, jusqu'au 1er avril 1791, était un gueux, un extravagant, un assassin, un orateur médiocre : Lameth proposait pour lui les galères, Marat, la potence. — Il mourut le deux avril ; — Le trois, on inventait pour lui le Panthéon. — Ce qui fait dire à l'auteur de l'*Essai sur Mirabeau*, « que pour avoir raison demain, il faut que les grands hommes meurent aujourd'hui. »

Pour moi, je ne crains pas de répéter ici, ce que j'ai déjà écrit ailleurs, au grand scandale de certains journaux démocrates : — Le roi Louis-Philippe a sa place marquée dans l'histoire, à côté des plus grands monarques; quel est l'homme, en effet, qui ait autant fait pour la France? en prenant même Louis XIV et Napoléon !

Certes, Louis XIV a été un grand roi; il nous a donné une littérature, un théâtre, un art et toutes sortes de chefs-d'œuvre en vers et en prose; il a le premier préparé l'œuvre de l'unité moderne et s'est trouvé magnifique, même dans ses faiblesses; mais Louis XIV avait confisqué, à son profit, la dignité de la nation, il avait absorbé en lui, le peuple et la liberté. — Le règne de Louis XIV peut se résumer par cette pensée de M. de Chateaubriand : « L'invasion d'un seul homme. »

Quant à Napoléon, cet homme pour qui les victoires étaient des relais, et les armées des chevaux de rechange qui tombaient sous lui d'épuisement, pour dire comme un historien de nos jours, la France n'était guère autre chose entre ses mains puissantes, qu'une colossale et vivante machine de guerre qu'il poussait contre l'Europe dont il rêvait l'asservissement. — Napoléon était un homme providentiel, produit gigantesque, improvisation magnifique de ces temps de luttes et de guerres civiles; c'était une de ces rares apparitions qui épouvantent le monde et le secouent jusque dans ses fondements. — Les hommes comme Napoléon sont des hommes nouveaux, violemment séparés du passé et de l'avenir, ne tenant à rien, pas même au présent; ils viennent fauchant les nations comme l'herbe, décimant les peuples par la guerre et mourant après, quand leur œuvre aura été accomplie.

Le roi Louis-Philippe est venu au contraire pour tout consolider; il est venu planter dans le sol déchiré de la France, l'ordre et la liberté de l'avenir, faire par la paix ce que Napoléon avait accompli par la guerre, car il avait compris que la paix est la première conquête de la civilisation. — En effet, de la paix universelle à la fraternité universelle, il n'y a qu'un pas. C'est par la paix que doit se consommer l'unité politique. Le glaive ne s'est-il donc pas assez promené par l'Europe? n'est-il pas temps enfin qu'il rentre dans le fourreau? Il ne doit plus y avoir aujourd'hui d'autre épée que les idées, et je les crois assez puissantes pour triompher de toutes les armées du monde! Du reste, l'Europe est tout-à-fait de notre avis sur ce point, et le peuple Français a bien raison de ne se point croire aussi avili qu'on a bien voulu le dire! — Soyez-en bien sûrs, la France a toujours la même prépondérance et la même initiative dans les affaires du monde; tout ce qui s'y dit, tout ce qui s'y fait a un écho partout; son influence sur les peuples est incontestable; elle pense et elle agit pour tous. La France est véritablement la tête et le bras de l'Europe, la forme et la pensée du monde moderne! Elle a été de tout temps la première sur la brèche, la première à combattre, dans cette mêlée ardente des idées humaines, avec le glaive ou la parole; la France a souffert sa passion en 93, elle est montée sur la croix pour les peuples; elle a passé par l'échafaud, elle a traversé le fleuve de sang, et ce sang a été fécond. — Or, croyez-vous, après cela, qu'il soit jamais possible à l'étranger de nous abaisser et de nous avilir?

Répétons-le avec joie, aujourd'hui, en Europe, les luttes de nation à nation deviennent de jour en jour plus rares, les gouvernements tendent à se faire des concessions mutuelles; on veut s'entendre et non se battre: l'intelligence a tué tout-à-fait la force brutale, et la diplomatie a remplacé le sabre dans les relations internationales des peuples. — Cette utile et pacifique révolution dans les idées, cette impulsion nouvelle et généreuse, l'Europe la doit, il faut bien le dire, au génie politique du roi qui y travaille depuis quinze ans, avec une persévérance et une volonté sans égale.

Remarquez en effet que rien n'échappe à ce vaste et pénétrant regard qui embrasse à la fois, d'un seul coup d'œil, toutes les affaires de l'Europe. — Louis-Philippe sait tout, voit tout, entend tout; quelle prudence dans ses relations! quelle sagesse, quel tact, quelle haute intelligence et quelle science profonde des hommes et des choses, des besoins et des idées de notre temps! — C'est ainsi qu'il a compris, depuis long-temps, quel profit la France pouvait retirer de l'alliance anglaise, et quels résultats immenses doivent produire dans l'avenir l'union de ces deux grandes puissances. — La France et l'Angleterre sont, en effet, aujourd'hui, les deux pieds de la civilisation européenne!

Depuis bientôt plus de quinze ans, Louis-Philippe a usé sa vie pour la France; il lui a donné son temps, sa liberté, sa sureté personnelle, son génie et son repos. Quel roi dans l'histoire a jamais eu à lutter contre plus d'anarchies et de révoltes?

A peine est-il monté sur le trône, que l'esprit révolutionnaire éclate de toutes parts en scènes terribles et en complots effrayants. — La république descend chaque jour dans la rue livrer bataille à toute une armée. — La propriété est attaquée et violée, Lyon s'insurge deux fois, Toulouse se soulève, le fanatisme de la Vendée ressuscite. Le choléra sévit au-dedans, et la guerre est imminente au dehors. — Des religions nouvelles et des sectes nouvelles surgissent de toutes parts. La presse, cette démocratie turbulente, déblatère à tort et à travers l'injure et l'anathème. Les sociétés secrètes conspirent dans l'ombre, et les régicides pullulent ; — car, en ces jours mauvais, la royauté était gardée à vue par les factions, et l'assassinat politique veillait partout.

Or, si à cette époque, en France, les partis en voulaient tant à la vie du roi, c'est qu'ils sentaient bien qu'il y avait en Louis-Philippe, plus qu'un homme ; ils savaient qu'il représentait en lui une idée, un principe ; c'est donc à l'idée et au principe qu'ils visaient. — En frappant le principe au cœur, ils croyaient assassiner la monarchie constitutionnelle dans Louis-Philippe ; mais les partis devaient se briser invinciblement contre la modération, l'intelligence, l'opiniâtreté énergique et la courageuse résistance du roi. — Sa mission, son génie, nous l'avons dit, c'était de les détruire, de les exterminer et de les vaincre !

Quelle époque, grand Dieu ! et qu'il faut avoir de génie, de force, de prudence et de dévouement pour gouverner aujourd'hui la France. — La royauté est devenue un fardeau si lourd à porter ! — Comment faire, en effet, pour tenir en haleine toutes ces volontés impatientes, toutes ces ambitions sans bornes et sans frein, toutes ces passions fiévreuses et turbulentes, tous ces enthousiasmes imprudents ou hâtés, à travers tous ces flots d'idées, d'événements et de systèmes, au milieu desquels notre époque est lancée ?

N'accusons donc pas le pouvoir ! respectons la royauté, cette grande chose ! On dit que les rois s'en vont ? Eh bien ! si les rois s'en vont, tant pis pour les peuples. — Que deviendrait la France sans la monarchie ? l'expérience nous le crie assez haut : malheur aujourd'hui à la France séparée de la monarchie, comme aussi malheur à la monarchie séparée du peuple !

Travaillons donc à cimenter davantage cette union ; hélas ! depuis bientôt un demi-siècle, nous n'avons pas fait autre chose que de creuser des fosses pour tous les pouvoirs et pour toutes les constitutions. Nous avons conduit de grandes funérailles par tous les coins de l'Europe, des funérailles de rois et des funérailles de peuples. Comment ne pas aspirer au repos ? — Ce repos, ce calme, cette paix qui prépare les grandes choses, nous en jouissons maintenant, grâce à la haute sagesse du roi ; chaque jour la dynastie nouvelle prend davantage position en Europe ; tout y vient et tout y viendra comme à un centre universel. — Le roi Louis-Philippe, quoi qu'on puisse dire, n'est pas seulement le roi de la France, il est encore aujourd'hui le roi de l'Europe !

Ce n'est pas tout, chacun sait quels éminents services le roi Louis-Philippe a rendus à l'art, et que de grandes choses il a faites. — Qui a achevé la Magdeleine, le palais du quai d'Orsai et l'Arc de Triomphe de l'Étoile, trois monuments commencés par l'Empire, et auxquels la Restauration n'avait pas mis une pierre ? Qui a fait élever la nouvelle Chambre des pairs et le nouvel Hôtel-de-Ville ? Qui a fait restaurer le Palais-de-Justice ? Qui a fait relever Saint-Germain-l'Auxerrois, la vieille église de la monarchie qu'on voulait démolir pour tracer une rue ?—Qui a bâti ces quais magnifiques ? élevé partout ces statues, ces fontaines et ces places publiques, qui font à cette heure de Paris la plus belle ville du monde ? — Quel autre enfin que S. M. Louis-Philippe avait jamais conçu la pensée de transformer Versailles en un musée national ?

Depuis le grand roi, ce pauvre château de Versailles était triste, isolé et vide, et la foule en avait presque oublié le chemin. Louis-Philippe est venu rendre au château de Versailles sa royale splendeur d'autrefois; il a relevé cette noble ruine, grande pensée de Louis XIV, élevée avec un milliard et le génie des artistes les plus illustres. — Qui sait si l'on n'eût pas démoli un beau jour, ce palais de Versailles, sous prétexte de casernes ou de greniers à foin? il ne fallait pour cela qu'une révolution. — Le roi a maintenant rendu sacré ce vieux palais, pour tous les démolisseurs présents et à venir; il lui a de nouveau rendu la vie, le mouvement, la grandeur et l'amour du peuple, en l'ouvrant à tous les souvenirs de notre histoire, en y abritant tout le passé, en y logeant toutes les gloires de la France. C'est un splendide poème, que ce musée de Versailles, c'est une magnifique histoire depuis Clovis jusqu'à nos jours, une histoire en toile, en pierre, en marbre et en bronze ! Tout est là, Charlemagne et Clovis, Saint-Louis et François Ier, Henri IV, et le grand siècle et le grand Roi, 89 et la République, l'Empire et l'Empereur, la Restauration et la Révolution de Juillet ! Tous les souvenirs enfin et tous les hommes qui ont le plus honoré la France.

Voilà pourtant l'œuvre immense que Louis-Philippe a accomplie, lui tout seul, sans le secours de personne, et qui plus est, de ses propres millions; à force de patience, d'intelligence, de science historique; au milieu des dangers les plus grands pour lui, et des affaires les plus graves et les plus sérieuses qui aient jamais occupé un roi.

Non, — aucune gloire, aucun héroïsme, aucun genre de courage n'a manqué à cette noble famille royale, pas plus que toutes les vertus privées. — Louis-Philippe est aussi grand comme père que comme roi ; il est aussi bien l'honneur de la royauté que la gloire de la famille. Ceci se montre à tous les endroits de cette belle et noble vie. Voulez-vous savoir, enfin, jusqu'où, dans le roi, peut aller l'amour du père ? — Écoutez..... et pleurez :

C'était pendant l'affreuse nuit qui suivit la catastrophe du Treize Juillet, dans le palais de Neuilly. Il était environ deux heures du matin, tout faisait silence dans la demeure royale. — Au milieu de la chapelle tendue de noir, couché sur la même civière où il avait été transporté mort, le prince royal reposait ; quatre prêtres en surplis et en étole veillaient dans le sanctuaire, psalmodiant l'office des morts ; lorsque tout-à-coup, la tapisserie venant à s'écarter doucement, laissa paraître le roi.

A la vue de ce noble vieillard, désertant ainsi la couche royale, pour venir seul, dans la nuit, pleurer sur son fils mort ; la psalmodie expira involontairement sur les lèvres des prêtres, et il se fit un affreux silence.

Alors, dans ce silence, et à la lueur crépusculaire de quelques lampes qui étoilaient l'ombre de la chapelle, on put voir le roi, debout, pâle, immobile et courbé, s'arrêter d'abord, au pied du lit mortuaire dont il écarta les rideaux, tenir les yeux long-temps fixés sur le visage du prince ; puis, s'arrachant tout-à-coup à cette contemplation déchirante, à ce rêve tout éveillé de la tombe, dans lequel il était resté plongé plus de vingt minutes, il vint se placer à la tête du lit, prit dans sa main une petite branche de buis qui trempait dans un vase d'eau bénite, et en frotta à plusieurs reprises le visage du prince, comme pour le réveiller. « Non, ce n'est pas possible, » — murmurait faiblement le roi, d'une voix que l'émotion avait brisée, — et se penchant alors vers son fils bien aimé, qu'il étreignait convulsivement, on l'entendit appeler plusieurs fois le prince royal : — « Ferdinand ! Ferdinand ! » criait tout bas le malheureux père qui suffoquait. Mais le prince royal ne répondait pas !!!

Enfin, vaincu par la puissance et la force de sa douleur, le roi se laissa tomber sur le cadavre de son fils ; un immense sanglot sorti de sa poitrine royale, remplit la chapelle ; et c'est alors, qu'eut lieu une de ces scènes déchirantes que notre plume est impuissante à retracer.

Tout ce que je puis dire, c'est que le jour eût trouvé là, encore, S. M. Louis-Philippe dans cette douloureuse étreinte, si S. A. R. Mme Adélaïde ne fût venue l'arracher elle-même à son cruel désespoir.

Pauvre roi ! pauvre père ! — Dans le premier moment de son affreux malheur il lui avait fallu se roidir contre les larmes ; la royauté avait dû, pour un moment, vaincre la paternité, les devoirs du monarque imposer silence au cœur du père. Maintenant, la nature reprenait ses droits. — Du reste, tout Paris, accouru le matin au bruit de l'évènement, sur le théâtre de la catastrophe, tout Paris avait pu voir le roi et la famille royale mêlés à la foule du peuple, suivre à pied, et en sanglottant, la fatale civière. — Ah ! la France apprenait ce jour-là « que les reines pleurent comme de simples femmes », et elle ne devait plus s'étonner dans l'avenir, « de la quantité de larmes que peut contenir l'œil des rois ! »

Tel est, en effet, Louis-Philippe. — Grande âme de roi et tendre cœur de père ! ayant toutes les énergies de l'un et toutes les faiblesses de l'autre. — Toujours à cheval contre l'anarchie, et la poitrine nue contre le fer des assassins, il a tout attaqué, tout défié, tout dompté ! — Qui de nous ne l'a vu traversant Paris en proie à l'émeute, avec autant de calme que s'il se fût agi d'une revue au Champ-de-Mars, n'ayant à ses côtés que ses cinq enfants, noble diadême et sainte cuirasse ! bien digne d'un tel père et d'un tel roi ! — Aussi, les balles n'ont elles rien pu contre ces fortes poitrines ; elles se sont émoussées sur ces nobles cœurs prédestinés, qui ont appris de bonne heure ce que c'est que les luttes des partis, qui savent mieux encore ce que c'est que le courage !

Nobles princes, bien dignes de marcher à la tête de la France ! — L'un est toujours sur mer, défiant par la bravoure, l'intrépidité, l'intelligence et le courage, nos plus vieux marins ; il était à Saint-Jean-d'Ulloa, à Tanger et à Mogador, et ne demanderait pas mieux que de porter jusqu'aux extrémités du monde, la gloire de notre pavillon ! — Le duc de Nemours a été, depuis près de quinze ans, de toutes nos expéditions militaires ; il s'est mêlé à tous nos faits d'armes les plus glorieux, à toutes nos victoires d'Afrique. Il était à Anvers avec le maréchal Gérard, et à Constantine à côté du général Damrémont qui mourut sous le feu. — C'est une nature chevaleresque, une intelligence énergique et forte. Personne en France n'a oublié la courageuse réponse de Monseigneur le duc de Nemours, au maire du Mans.

Chacun sait aussi avec quelle haute sagesse le duc d'Aumale a gouverné Constantine ; il a attaché son nom au beau fait d'armes de la Smala, et depuis près de huit ans, il est toujours sur la brêche. — Princes excellents, généreux, affables, populaires, aimés du pays, adorés de l'armée. — Et le duc de Montpensier, salué maintenant avec enthousiasme par toute l'Egypte. — Et Monseigneur le duc d'Orléans dont nous portons tous encore le deuil au fond du cœur! Et la princesse Marie, celle-là qui a été mourir en Italie, mais qui nous a laissé sa *Jeanne-d'Arc*, un chef-d'œuvre, l'une des plus belles statues du musée de Versailles ! Femme incomparable ! morte si vite et si jeune, pour la France, pour sa famille, pour l'art, pour les artistes qui la pleurent comme une sœur !

Enfin, au milieu de cet essaim royal, au milieu de ces jeunes princes si braves, de toutes ces princesses de tant de vertus, de tant de beauté et de tant de grâces, à côté de ce roi, l'orgueil de la royauté et du foyer domestique, placez cette haute vertu, ce hardi courage, cette résignation sans bornes, cette charité vivante, cette providence de tout ce qui souffre, cette simple femme enfin, qu'on appelle la reine, et dites-moi, à quelle époque, dans quelle cour de l'Europe, et sur quel trône du monde, vous avez trouvé une famille comme celle-là ! — Non, ce fait est tout nouveau, il est unique dans l'histoire des rois et dans l'histoire des peuples !

Et maintenant, je demanderai comment il se fait que je me trouve si loin de mon sujet, et que lorsque j'avais seulement à vous parler du bonheur qui vient d'échoir à Bordeaux, qui va posséder bientôt LL. AA. RR., je sois presque tombé dans la politique ? — Ah ! c'est que je n'ai pu nommer Monseigneur le duc de Nemours et Monseigneur le duc d'Aumale, sans penser à S. M. Louis-Philippe ! Je n'ai pu parler des fils sans voir tout-à-coup se presser en foule devant moi tous les services que le père a rendus à la France, tout ce qu'il a fait pour la France depuis quinze ans ! — Je sens même que je ne tarirais pas ; la vérité oppresse comme l'ingratitude révolte ; or, il est autant du devoir et de la conscience de l'écrivain de proclamer l'une, que de démasquer l'autre.

Livrons-nous donc à la joie, — oublions nos haines et nos discordes, finissons-en avec ce déplorable esprit de parti qui nous aveugle et nous divise, car voici venir les fils du roi. — Ils viennent s'éclairer sur nos véritables besoins, afin de pouvoir eux-mêmes, quand il en sera temps, prendre la défense de nos intérêts long-temps froissés ou méconnus. — Nous en sommes certains, la sympathie royale ne nous manquera jamais. — Préparons-nous donc à entourer de nos respects et de nos hommages, ces nobles princes, l'espoir et l'avenir de la génération présente ; pressons-nous surtout avec enthousiasme sur les pas de cette illustre et belle princesse, que l'Allemagne a bien voulu donner à la France. — L'Allemagne ! ne dirait-on pas qu'elle existe tout exprès pour nous envoyer de jolies reines ?

C'est ainsi qu'en honorant les fils du roi, nous honorerons le roi lui-même, et dans le roi, l'auguste dynastie destinée à marcher à la tête de la France, et qui représente si glorieusement, aujourd'hui, en Europe, la monarchie constitutionnelle. — Or, ce principe constitutionnel, cette liberté sage et éclairée, cette égalité devant la loi, c'est notre conquête ; nous l'avons payée de trop d'excès en 89, et d'assez de sang en 1830, pour vouloir la défendre et en assurer à jamais le triomphe. — Continuons donc à entourer de notre appui la dynastie nouvelle, abritons le trône nouveau; — Soyons toujours là, pour empêcher les impies de toucher à l'arche sainte et de violer le tabernacle!

www.ingramcontent.com/pod-product-compliance
Lightning Source LLC
Chambersburg PA
CBHW060453050426
42451CB00014B/3305